LIDERAZGO

Aprenda cómo motivar, influir, liderar y aumentar
la productividad de su equipo a través de una

(Aprender a motivar, influencia, plomo e impulsar
... equipo de manera correcta")

Elliot Arce

Publicado Por Daniel Heath

Liderazgo: Aprenda cómo motivar, influir, liderar y
aumentar la productividad de su equipo a través de una
(Aprender a motivar, influencia, plomo e impulsar ... equipo
de manera correcta")

ISBN 978-1-989853-63-4

Este documento está orientado a proporcionar información exacta y confiable con respecto al tema y asunto que trata. La publicación se vende con la idea de que el editor no esté obligado a prestar contabilidad, permitida oficialmente, u otros servicios cualificados. Si se necesita asesoramiento, legal o profesional, debería solicitar a una persona con experiencia en la profesión.

Desde una Declaración de Principios aceptada y aprobada tanto por un comité de la American Bar Association (el Colegio de Abogados de Estados Unidos) como por un comité de editores y asociaciones.

TABLA DE CONTENIDO

Parte 1

Capítulo 1: ¿Qué es liderazgo?

Si usted reúne a mucha gente, obtendrá diferentes opiniones y comentarios. A menudo escuchará que los líderes nacen y no se pueden crear. Creo que esta es una gran falacia en cuanto a la idea de desarrollar un líder. Los militares y, en menor medida, las empresas han estado desarrollando líderes durante años. Me gusta la definición del Ejército de los Estados Unidos, su definición de liderazgo es:

"El liderazgo es influir en las personas proporcionándoles propósito, dirección y motivación mientras se opera para cumplir la misión y mejorar la organización".

Conozca a su equipo

La importancia de conocer a las personas bajo nuestro liderazgo estaba arraigada en nuestras tareas diarias. Era necesario saber todo sobre nuestra gente. Si fuera un líder de escuadrón, debía saber la información sobre las 6 a 8 personas en mi

Escuadrón, como Sargento de Pelotón tenía que conocer a las aproximadamente 60 personas de mi pelotón. Si uno de mis superiores me preguntaba por alguno de mi equipo, tenía que saber la respuesta a su pregunta.

Para asegurarnos de que pudiéramos responder a estas preguntas, se nos alentó a mantener un "pequeño Libro Verde" con los datos pertinentes de nuestra gente, es decir, el nombre de la esposa, los hijos, las fechas importantes (bodas, cumpleaños, etc.), fortalezas, debilidades, etc. Necesitábamos conocer a nuestra gente.

Tras pasar por este proceso para obtener esta información, luego de entrevistar a todos los nuevos miembros del equipo cuando fueron asignados, aprendí mucho sobre mi equipo, incluso cuando tenía un pelotón de 60 personas. Como resultado de este esfuerzo, pude tomar decisiones más rápidas, mejores y más oportunas, asegurándome de que el equipo pudiera cumplir nuestra misión. Pude tener éxito porque podía maximizar su éxito utilizando sus fortalezas. También continué desarrollando un equipo más fuerte llevando a cabo la capacitación adecuada para minimizar o eliminar sus debilidades conocidas. Esto me permitió ayudar a cada persona a desarrollar las habilidades que necesitaban para tener éxito en sus carreras, ya que estaban listos para asumir más responsabilidades.

En un entorno corporativo, es posible que no necesite el mismo nivel de detalle sobre las personas que dirige, pero debe saber todo lo que pueda sin invadir su privacidad. Especialmente necesitará entender sus metas y aspiraciones, así como sus fortalezas y debilidades. ¿De qué otra manera puede ayudarlos a tener éxito? En un mundo perfecto se centrará en lo que se necesita para que tengan éxito, e igualmente su jefe trabajará para que usted tenga éxito.

Tome decisiones oportunas

Sé que esto parece una afirmación bastante obvia, después de todo, ¿por qué no querría tomar decisiones oportunas? Muchos líderes y gerentes de negocios no toman una decisión hasta que tengan todos los datos disponibles, o pueden decidir que, si no toman una decisión, quizás el problema desaparezca. Ninguno de estos cursos de acción tiene éxito. No siempre podemos esperar para tener toda la información que deseamos para tomar una decisión, por lo que debemos aprender a buscar ayuda y reconocer cuándo tenemos lo necesario para tomar una decisión y decidir. A menudo, los miembros de nuestro equipo nos esperan como el líder para hacer la llamada. Para tener éxito en la toma de decisiones oportunas debemos:

Primero, debe determinar si es su responsabilidad tomar la decisión o si un miembro del equipo está tratando de evitar su responsabilidad de tomar una decisión. Si este es el caso, entonces necesita asesorarles sobre sus responsabilidades y aumentar su conciencia de los problemas que pueden surgir si se abstienen de tomar una decisión.

En segundo lugar, si es su responsabilidad, debe comprender el plazo en el que debe tomarse la decisión. Debe priorizar la decisión para que se tome con el tiempo necesario. ¿Hay una necesidad inmediata que deba satisfacerse en este momento, lo cual suele ser el caso en el combate, donde las vidas dependen de decisiones que se toman o no se toman, o es una que tiene un plazo límite que, si no se cumple, puede tener implicaciones competitivas o financieras? a la organización? Debe recopilar tanta información como lo permita su marco de tiempo. Cuando crea que tiene suficiente información, puede consultar con fuentes confiables, luego tomar una decisión y comunicársela a todos los que necesiten saber cuál será el resultado.

Si más adelante se pone a disposición más información, eso cambiará el curso de acción que ha tomado; usted debe asumir la responsabilidad y realizar el cambio necesario sin culpar ni causar. No hay una decisión equivocada, ya que tomamos decisiones basadas en la información que se conoce en el momento en que se toma. Si se revela información adicional después del hecho, lo que podría habernos llevado a tomar una decisión diferente, acéptelo. Tenga en cuenta que no siempre podráesperar hasta que se sepa todo para actuar, ya que puede ser demasiado tarde para cumplir con la misión.

Comunicar la "Intención Estratégica"

Las comunicaciones son a menudo un problema en muchas organizaciones. Recuerdo que cuando fui por primera vez a trabajar para una gran empresa de telecomunicaciones, me dijo la persona que se me había asignado como mentor que debería recopilar tanta información sobre mi área y acumularla. Entonces tendría seguridad laboral en mi trabajo. No debía de compartir la información con nadie, solo repartirla según fuese necesario para que todos tuvieran que acudir a mí para obtener cualquier información en esa área. Esto determinaría lo importante que fuese para la organización. Esta actitud nunca funcionó, ya que vi a este tipo de personas ser despedidas y reemplazadas debido a que no eran "jugadores de equipo".

Necesitamos asegurarnos de que la intención estratégica se comunique y se entienda completamente en todos los niveles de la organización. Esto no significa que transmitamos todos los detalles necesariamente, pero se debe entender la intención estratégica. La declaración de la misión, la declaración de la Visión y los valores para la organización deben estar claramente articulados para que todos los miembros sepan lo que se pretende.

Cuando todos los miembros saben cuáles son la misión y los objetivos de la organización, harán todo lo posible para garantizar que se cumplan estas espectativas. Esto le da al equipo un marco para medir que sus decisiones, acciones y respuestas están alineadas con la misión, las metas y los objetivos de la organización.

Manténgase enfocado en la misión

Esta área es una en la que siempre nos centramos en el ejército, ya que a menudo significa la diferencia entre la vida y la muerte. En un entorno corporativo, a menudo he escuchado "no es mi trabajo preocuparme por si el proyecto en general es exitoso, solo tengo que hacer esta parte". Debido a esta actitud, muchas personas en el grupo perderán de vista el enfoque de la misión que se espera que realice el grupo, ya que solo se enfocan en su pequeña parte del trabajo. De esta manera se desconectan de la verdadera razón de la misión de la organización en general. Después de todo, si hago el tornillo que sujeta el ala del avión con la mejor calidad, pero el ala no está puesta, ¿la organización ha tenido éxito? Así es como los grupos pierden el sentido de prioridad por satisfacer las necesidades de los clientes. Especialmente cuando no están al lado del cliente. Dicen:"Hice mi parte a tiempo", y"¿por qué debería preocuparme cuando hice mi parte?" Pero entonces ¿se cumplió la misión?

Esto le sucede a muchos grupos de soporte, y algunos grupos de producción que no interactúan con el cliente real. En el pasado, se identificaba al cliente como la siguiente persona en el flujo de proceso a la que se le proporciona su salida, pero una vez más, como también son miembros de su organización, la gente parece olvidar la urgencia de proporcionarla a tiempo, ya que No veo que el efectivo real llegue a la compañía cuando finaliza el proyecto. Aquí es donde muchos grupos se enfocarán en el hecho de que no es dinero real. Entonces, todos los miembros de la organización deben recordar por qué estamos en el negocio, cuál es la verdadera misión

Si usted va a una escuela de negocios, a menudo oye que su misión es maximizar la riqueza del titular de la acción. ¿Qué significa esto realmente? En el mundo de hoy, significa hacer ricos a los ejecutivos y propietarios, mientras obtenemos nuestros míseros salarios. Debe asegurarse de que todos los niveles entiendan por qué está en el negocio y cómo sus roles impactan esa misión. ¿Qué estás tratando de lograr en el mercado como organización? Desafortunadamente, hoy en día, muchas veces he escuchado a personas decir que están creando una empresa para construirla y luego venderla para poder enriquecerse. ¿Qué tipo de mensaje envía eso a los trabajadores? Los grupos deben comprender y centrarse en lo que está tratando de ofrecer, ya sea una nueva forma de agregar valor a un cliente, una nueva solución innovadora para un problema, o es para ayudar al bien común de las personas.

Capítulo 2: Innovando el liderazgo

En el competitivo mercado global de hoy, es cada vez más difícil disputar y ganar con éxito su parte del negocio. Con las tecnologías actuales, el mercado global se ha reducido, y una organización de cualquier tamaño o ubicación puede competir con éxito y ganar negocios en el mercado global. Esto ha llevado a que los productos y servicios de algunas empresas se conviertan en productos básicos. En un tipo de negocio de productos básicos, el precio se convierte en el principal punto de decisión para un cliente cuando considera comprar su producto o servicio. Sin una ventaja competitiva clara y única, estas empresas ahora están obligadas a competir únicamente en el precio, lo que significa que sus clientes tienen muy poca lealtad hacia su organización. Esto crea una dependencia única de las presiones económicas y competitivas actuales que hacen que muchas empresas dejen de funcionar.

Para competir en este tipo de entorno, las organizaciones deben crear una ventaja competitiva única para sus empresas permitiéndoles el lujo de no ser tan dependientes de la economía o de sus competidores para tener éxito y sobrevivir. Para prosperar en este tipo de entorno, se requiere un tipo especial de líder que pueda crear un ambiente en el que su organización pueda establecer y mantener su ventaja competitiva dentro del mercado global.

Solución

Para permitir que cualquier organización identifique su ventaja competitiva única, el líder debe asegurarse de que la organización se sienta habilitada y respaldada para crear una ventaja competitiva sostenible que pueda desarrollarse y desplegarse con éxito. Esto le presenta al líder / gerente muchos problemas dentro de sus organizaciones hoy en día ya que el miembro promedio en una organización tiene miedo y busca simplemente mantener su trabajo para que su sustento no se vea amenazado.

Ahora le está pidiendo a los miembros de esta organización que cuestionen la forma en que se llevan a cabo los negocios y, en ocasiones, incluso cambiando la forma en que su líder / gerente creó la organización originalmente. Esto parece ser exigente a los miembros. Especialmente en una empresa más pequeña donde se conoce a las personas que originalmente instituyeron estos productos / procesos particulares, a los que ahora se les pide que tomen una visión crítica de estos mismos productos / procesos. El líder / gerente ahora debe crear un entorno que permita a los miembros sentirse seguros al explorar diferentes formas de crear una ventaja competitiva única para la organización.

Pasos hacia la rentabilidad

Como líder de una organización en la que desea desarrollar esta ventaja competitiva única para mejorar su capacidad de competir bajo cualquier condición, debe asegurarse de seleccionar un proyecto de ámbito adecuado para probar la capacidad de la organización de crear una ventaja competitiva. Idealmente, desea seleccionar un producto / proceso que pueda analizarse y evaluarse para obtener mejoras dentro de un marco de tiempo razonable, para garantizar que el éxito se pueda ver rápidamente. Por lo tanto, es importante tener el alcance claramente definido y conseguir que el equipo lo ayude a definirlo. Los seis pasos para la rentabilidad son:

1. Establecer la misión

Como líder, debe definir claramente y articular la visión estratégica actual de su organización. Esta visión debe definir cuáles deberían ser los resultados esperados para la visión estratégica de esa organización, es decir, el% de aumento en los ingresos, el método de interacción con el cliente y el% de ahorro de costos. Todos los miembros de la organización deben comprender claramente y estar de acuerdo con esta visión; el equipo que va a establecer el objetivo de la ventaja competitiva debe revisar y adoptar esta visión. El líder también debe establecer cualquier restricción y límites que deban mantenerse si es necesario. El hecho de que esté tratando de innovar y encuentre nuevas formas de hacer las cosas, no siempre significa que tendrán una pizarra limpia para trabajar. Tal vez el problema es que los costos laborales han aumentado por lo cual ya no es factible y necesita ver si puede encontrar una forma innovadora de competir.

2. Establezca un entorno de apoyo

Se debe establecer un entorno que permita a los miembros sentirse seguros, incluso si van a estar en desacuerdo con el equipo de administración. Deben sentir que se están llevando a cabo comunicaciones abiertas y honestas, para que los miembros del equipo sepan que sus ideas y conceptos se escuchan y se evalúan de manera objetiva, incluso si no se están implementando. La gerencia puede decidir no usar lo que han dicho, pero si sienten que fueron escuchados, y la decisión se tomó para ir en una dirección diferente, siempre que crean que fueron escuchados, estarán dispuestos a apoyar a la gerencia y al decisión del grupo.

Además, es necesario que exista un sistema para recompensar a las personas que propongan las nuevas ideas, incluso si la idea no merece la pena. Debe recompensar todas las ideas, por lo que sentirán que vale la pena proponer estas cosas que pueden no ser notorios, o pueden ser contrarias a la forma de pensar de la administración actual. Pero solo cuando se crea un entorno como este, obtendrá realmente el poder creativo de los miembros de la organización.

También debe estar preparado sobre qué hacer si su innovación elimina los trabajos de los miembros. Pasamos por un período como este en la década de 1980, cuando algunas empresas estadounidenses estaban explorando los conceptos de fabricación "Just in Time" (Justo a tiempo),varias de estas organizaciones adoptaron una política de no despidos para mejorar los procesos, mientras que conservaban el derecho de eliminar empleos solo cuando se convertía en una necesidad económica. Esté preparado para hacer frente a este problema o no tendrá éxito.

3. Explora las situaciones y soluciones

Ahora mire los escenarios posibles para crear una ventaja competitiva única. La organización necesita trabajar dentro del alcance de la visión que se ha identificado. Pueden usar algunos de los siguientes métodos y técnicas para ayudar a identificar una ventaja competitiva sostenible. Tenga en cuenta que estas son solo algunas sugerencias, muchas otras se pueden encontrar en los numerosos libros de administración y resolución de problemas disponibles. Algunos de los métodos que pueden funcionar son:

Modelo de Fortalezas, Debilidades, Oportunidades y Amenazas (FODA). - Este modelo analiza los factores internos y externos para ver dónde pueden existir oportunidades para la organización. Este modelo se usa a menudo en la planificación estratégica para determinar las iniciativas que se deben seguir.

Tormenta de ideas: esta técnica se utiliza para capturar ideas y abordar las áreas de mejoras dentro del alcance seleccionado. Permite obtener una gran cantidad de ideas en el menor tiempo posible. Las ideas son recogidas en una hoja de papel / pizarra. Ninguna discusión tiene lugar hasta después de que todas las ideas sean capturadas, luego se evalúan estas ideas y se investigan las más prometedoras.

Diagramas de causa y efecto: este diagrama permite a un equipo observar los factores que causan el problema descripto y determinar si la causa se ha identificado o no para que se pueda resolver el problema.

Y otras técnicas para identificar el mejor curso de acción: existen muchos otros tipos de métodos y técnicas que se pueden usar, como el Mapa mental, esquemas y otras técnicas que nos permiten explorar las oportunidades de seleccionar el mejor curso de acción.

Tenga en cuenta que la implementación de estas técnicas está más allá del alcance de este capítulo, estas son solo sugerencias que pueden ser utilizadas. Vaya a los diversos sitios web, libros o expertos en estas áreas si necesita más ayuda o aclaraciones.

4. Crear el plan de implementación

Una vez que el equipo de la organización ha seleccionado el producto / proceso que se utilizará para crear una ventaja competitiva. El plan de implementación necesita ser desarrollado. Este plan debe establecer el alcance del proyecto propuesto, la posición actual o la línea base con la visión futura, que se logrará como resultado de este proyecto.

El plan debe incluir las tareas y los pasos necesarios para implementar el curso de acción seleccionado. Los hitos deben identificarse y documentarse para mostrar cuándo se realizarán los cambios para incluir cualquier fase abordada que deba ocurrir. También se deben identificar todos los recursos y costos necesarios, así como el momento en que deben suceder. Además, es importante que se identifiquen los riesgos que podrían sobrevenir y que se desarrollen planes de mitigación para enfrentar estos riesgos.

Todos los roles y responsabilidades deben estar claramente definidos, así como la estructura de toma de decisiones identificada. Los criterios de éxito deben identificarse y definirse en cuanto a lo que constituye la finalización exitosa y el cierre del proyecto. Se deben identificar los indicadores clave de rendimiento (KPI), así como la metodología que se utilizará para rastrear estos KPI.

5. Ejecutar el plan

El plan que se creó debe ejecutarse ahora con excelencia y eficiencia. Debe asegurarse de que el proyecto se rastree e informe cuidadosamente a medida que progresa y de que cualquier desviación en los planes se identifique rápidamente. Estas desviaciones deben abordarse y el plan debe revisarse si es necesario.

6. Repasar los resultados y revisar

Una vez que el plan se ha completado y cerrado, el equipo debe monitorizar los resultados. Deben asegurarse de que se cumplan los KPI esperados y, si no, deben determinar por qué no se están cumpliendo. Es necesario desarrollar un curso de acción y luego implementarlo para que el programa vuelva a encarrilarse garantizando de esta manera el éxito del proyecto.

Resumen

Como líder, si sigue estos seis pasos hacia la rentabilidad, su organización debería desarrollar una ventaja competitiva única que su competencia buscaráalcanzar. Si utiliza este tiempo para desarrollar a su equipo trabajando hacia la mejora contínua, puede establecer una situación en la que otras organizaciones tendrán que esforzarse más para ponerse al día, mientras que puede desarrollar relaciones más profundas con su base de clientes y continuar afirmando su posición única. Esto minimizará los factores externos en su organización, como los competidores y la economía. Lo cual le ubicará en una posición mucho más rentable.

Capítulo 3: Mejore sus habilidades de comunicación para un liderazgo efectivo

A menudo nos encontramos en posiciones de liderazgo en distintas áreas. Desde el liderazgo a nivel familiar hasta el nivel organizativo y nacional. En cualquier nivel en el que se encuentre, naturalmente existe la necesidad de sobresalir. Sin embargo, no muchos han logrado el éxito en este sentido. Una de las herramientas importantes que decepcionan a los líderes es la falta de comunicación entre ellos y sus seguidores.

La comunicación es el proceso de enviar y recibir información entre las personas. Podría ser expresivo o receptivo. Las habilidades de comunicación efectiva son fundamentales para el desarrollo de su carrera y su vida personal. También es fundamental para alcanzar la excelencia del liderazgo. La comunicación clara y efectiva es, por lo tanto, una actitud que cualquier persona que espera alcanzar la excelencia como líder se esforzaría por inculcar y mejorar continuamente, incluso antes de alcanzar posiciones de liderazgo en cualquier nivel. Los buenos líderes efectivamente motivan e inspiran a sus seguidores a través de una comunicación clara. Además, las mejores organizaciones promueven la disciplina, la responsabilidad y la alineación estratégica a través de una comunicación clara y efectiva.

La comunicación implica tres componentes: el mensaje verbal (las palabras que elegimos), mensajeparaverbal (cómo decimos las palabras) y los mensajes no verbales (nuestro lenguaje corporal). Estos tres componentes se utilizan para enviar mensajes claros y concisos. También se utilizan para recibir y comprender correctamente los mensajes que nos envían. Suele haber confusiones cuando el componente verbal dice "sí" y el no verbal refleja un "no". Para comunicarse de manera efectiva, se deben alinear los tres componentes de la comunicación para representar el mensaje que se transmite.

El proceso de recibir el mensaje comunicado es escuchando. Escuchar es un elemento clave en la comunicación y requiere concentración y energía. Implica una conexión psicológica con el hablante. También implica el deseo y la voluntad de ver las cosas desde la perspectiva del orador. En este punto, se requiere que el oyente suspenda el juicio o la evaluación del mensaje y, más bien, mantenga una mente abierta sobre él primero. La escucha no verbal implica prestar atención física completa o ser consciente de los mensajes no verbales del hablante; mientras que la escucha verbal implica prestar atención a las palabras y los sentimientos que se expresan. Al igual que al pasar información, la escucha verbal, no verbal y para-verbal es esencial para que un líder obtenga una verdadera retroalimentación de los seguidores.

Los buenos comunicadores pasan su mensaje teniendo en cuenta los siguientes factores:

1. Claridad del mensaje (mantenlo simple y

claro)

2. Adecuación del mensaje (proporcione suficiente información para una comprensión adecuada)

3. Integridad del mensaje (mantenerlo preciso como la información original)

4. Tiempo del mensaje (entregarlo en el momento y lugar apropiados)

Para una comunicación efectiva, se requiere que el comunicador obtenga o solicite comentarios del oyente para asegurarse de que el mensaje se entienda bien. En pocas palabras, un buen comunicador también debería ser un buen oyente.

Otros consejos para una buena comunicación son:

1. Mantener contacto visual con la audiencia.

2. Conciencia corporal - ser confiado y convincente.

3. Gestos y expresiones.

4. Transmitir las ideas.

5. Practicar habilidades de comunicación efectiva.

La comunicación efectiva es un proceso bidireccional. Implica pasar el mensaje y obtener una retroalimentación (escucha activa). Refleja la responsabilidad del orador y el oyente. Es muy clara y libre de estrés.

Capítulo 4: Mejore su inteligencia social

¿Qué es la inteligencia social y por qué debe importarle?

Una diferencia clave entre quién logra dominar y el que apenas se acerca, pero no lo suficiente, es la inteligencia social o el reconocer a las personas por lo que son en lugar de lo que esperamos que sean.

Según Robert Greene en su libro Mastery, hay 7 realidades "mortales" que deben ser reconocidas y tratadas: tanto en nosotros como en los demás

La envidia
El conformismo
La rigidez
Ser auto-obsesivo
La pereza
La veleidad
La agresión pasiva
La mayoría de nosotros operamos ingenuamente; es decir, esperamos que otros vean lo que vemos, vean cómo vemos y se comporten como nos

comportamos. Cuando no lo hacen, nos enojamos, nos sentimos traicionados o surge una gran cantidad de respuestas negativas y autodestructivas ante la decepción.

El último tercio del libro de Greene, Mastery, está dedicado a los métodos que deben adquirir los Maestros para lidiar con el lado oscuro del comportamiento humano.

El primer paso es abandonar nuestro ingenuo enfoque al tratar con las personas y con el mundo que nos rodea, esperando que las siete realidades mortales aparezcan en diferentes grados, en todas las personas con las que tratamos. A través del uso de información biográfica obtenida tanto de los famosos como de los infames, Greene muestra cómo la madurez emocional o la falta de ella ha determinado el curso de teorías científicas completas, se puede "crear" a una persona con cuidado e inteligencia.

En este mundo de ideas múltiples y verdades en conflicto, las personas anhelan ver consistencia, transparencia en cada ser humano.

Verse como los demás lo ven es probablemente lo más difícil de alcanzar, de acuerdo a los atributos mencionados por Greene para quienes buscamos ser los mejores en nuestras áreas. Lo que se requiere para lograrlo es una objetividad implacable; una batalla casi constante con el ego y la voluntad de escuchar todas y cada una de las opiniones de los demás sobre nosotros.

Se dice que los tontos sufren por gusto. Por último, para lograr la inteligencia social, el aforismo gastado por el tiempo parece anticuado e irrelevante en esta cultura donde la mayoría de nosotros tenemos una educación universitaria, y muchos tenemos capacitación de posgrado. Pero si ha estado en el negocio, algún negocio durante algún tiempo, entonces sabrá la intemporalidad del consejo. "Al tratar con los tontos, debes adoptar la siguiente filosofía: son simplemente parte de la vida, como las rocas o los muebles. Todos nosotros tenemos aspectos tontos... Es la naturaleza humana".

Capítulo 5: Alcance objetivos con reuniones estratégicas

Atraer y retener clientes, asegurando que una organización siga siendo competitiva en el mercado son las principales responsabilidades de los líderes de organizaciones con fines de lucro y sin fines de lucro. Las organizaciones se basan en los ingresos, independientemente de la clasificación fiscal. De cada tres a cinco años, los líderes inteligentes revisan el estado actual de su organización y el entorno en el que opera, los clientes de las organizaciones, la entrega de productos y servicios, el panorama competitivo, los obstáculos y amenazas al éxito y las posibles oportunidades, entonces utilizan esa información para identificar y priorizar los objetivos que pondrán a la organización en un camino hacia un futuro sostenible.

Es imperativo crear las condiciones para una planificación estratégica exitosa o una reunión de mejora de procesos. El mundo ha cambiado, y no hay tiempo que perder en "sesiones de lluvia de ideas" posiblemente improductivas que pueden haber sido suficientes en el pasado. Lo más probable es que los resultados de una reunión de planificación sean vitales para la organización, y no sería prudente permitir que la suerte o la política interna controlen los resultados.

Involucrar a un facilitador profesional de reuniones para guiar su planeación estratégica o el proceso de mejora, garantizará que los participantes puedan identificar metas y objetivos, que sean "INTELIGENTES" (Específicos, Medibles, Alcanzables, Relevantes y Oportunos) podrán obtener el apoyo de gerentes de distintos niveles. Un facilitador permite que todas las partes interesadas participen plenamente en la reunión, en lugar de limitarse a ser únicamente un tomador de decisiones claves, un mero supervisor de la reunión y encargado del tiempo.

El facilitador crea un ambiente de reunión

positivo para los participantes y sienta las bases para el trabajo en equipo y la productividad. Mantiene a los participantes enfocados en el tema y mejora la fluidez. En caso de que una personalidad fuerte intente descartar la agenda, o si la reunión se desvía del tema, el facilitador emplea técnicas para restablecer el enfoque sin ofender o reprimir el compromiso y la creatividad de los participantes.

Un facilitador experto sabe cómo hacer surgir la sabiduría en la sala. Sabe que la mayoría de los líderes ya tienen las respuestas a los desafíos que enfrenta su organización porque son sus líderes. Solo necesitan el flujo correcto de buenas energías para traer la sabiduría y buenas ideas a la superficie. Si el grupo se atasca, el facilitador ayudará a los participantes a considerar las preguntas que deben hacerse, lo cual es otra forma de llegar a las respuestas correctas.

Una de las competencias en las que el

facilitador de su reunión será especialmente adepto es la creación de consenso en torno a una visión y prioridad comunes, incluso si las interpretaciones de estos asuntos difieren. Ayudar a los equipos opuestos a escuchar el razonamiento detrás de las preocupaciones y elecciones del otro lado puede llevar al descubrimiento de una "tercera vía", ver alternativas que incorporan las fortalezas clave de cada punto de vista, abordar lo que es importante para cada campamento y permitir que el grupo unirse en torno a este nuevo enfoque híbrido.

Identificar objetivos a corto y largo plazo que, cuando se implementen, aumentarán la participación en el mercado; superando retos empresariales; se alcanzará la mejora de la prestación de servicios y otros sistemas de proceso; lograrán la creación o utilización más efectiva de ventajas competitivas y la mejora de la rentabilidad en los próximos 3 a 5 años, de esta forma los líderes de la organización podrán cumplir con sus responsabilidades y se comportarán como buenos administradores. La contratación de un facilitador profesional de planificación de reuniones y estrategia garantiza que los líderes cumplan con estas obligaciones y las realicen de manera adecuada.

Capítulo 6: Manejando el cambio efectivamente

En algún momento, todos deben aprender a gestionar el cambio de manera efectiva. Se siente bien tener un plan sólido en mente para su futuro. Tal vez usted esta estudiando, trabajando para obtener un título; Quizá esté ahorrando para comprar la casa de sus sueños. En cualquier caso, seguramente estaba planeando algún cambio importante en su vida. La gestión eficaz del cambio puede ser la diferencia entre prosperar a pesar del cambio y desmoronarse porque no puede adaptarse a los cambios en sus planes.

Cuando cambie su camino hacia un mejor futuro, aferrarse a lo que tenía puede ser uno de los mayores impedimentos para seguir adelante. Debe buscar un nuevo objetivo o una nueva forma de lograrlo. El hecho de no aceptar el cambio también dificultará su capacidad para ver cómo se verá realmente dicho futuro.

Eliminar la negatividad

Otro obstáculo al que se enfrentan las personas cuando intentan gestionar el cambio son las personas negativas. Combatir las influencias de las personas a tu alrededor que no pueden aceptar el cambio, es casi tan difícil como luchar contra esos sentimientos en usted mismo. La gestión del cambio a veces implica limitar su trato con estas personas o alejarse por completo de su vida. Esto puede ser difícil, especialmente si estas personas son su familia o amigos cercanos, pero si no pueden apoyar su nueva perspectiva de la vida, entonces lo están frenando.

Prepararse para los cambios

Algunos cambios ocurren repentinamente, como una enfermedad o un accidente, pero puede prepararse para otros cambios reevaluando continuamente su situación y siendo proactivo cuando descubra algunaseñal de cambio. Si empieza a ver que vienen estas señales, trate de cambiarlo. Si no puede cambiar esta situación, entonces puede prepararse para ello o al menos comprender cómo la gestión adecuada del cambio puede afectar el resultado de una situación.

Canalice su energía

Estar atascado con sentimientos cómo ¡qué injusto! le impide usar su energía para formular un nuevo objetivo. El cambio probablemente sea injusto; Las buenas personas mueren, se enferman y pierden sus empleos. Desafortunadamente, la relativa injusticia de una situación no alivia sus efectos; pero la forma en que maneja el cambio y lo acepta puede convertir un evento injusto en una bendición. Muchas personas consideran que los eventos negativos no planificados son injustos porque tienen una sensación de justicia; que merecen una vida perfecta; pero el hecho es que casi todos enfrentan situaciones que descarrilan sus planes perfectos. Su método de administrar el cambio dicta de qué manera permite que la situación cambie su vida.

En lugar de centrarse en lo que ha perdido y esperar que las cosas vuelvan a cambiar a su forma original, céntrese en su objetivo, en la nueva forma en que puede hacerlo y lo logrará. Imagínese alcanzando sus metas y mantenga su mente ocupada con las recompensas del futuro, en lugar de desear que el cambio nunca haya ocurrido. No será fácil, la planificación para el futuro no fue fácil la primera vez, y esta vez seguramente será más difícil. Es el primer paso para volver a calibrar sus objetivos y métodos en una dirección que se adapte a la situación actual.

La gestión del cambio incluye superar el miedo

El miedo a lo desconocido es otra barrera

más para gestionar con eficacia el cambio y rediseñar sus planes para la vida. ¡Puede fallar! Parte de la alegría de lograr un objetivo es la incertidumbre que se siente en el viaje. Volver a formular sus planes puede ser una decisión aterradora porque no hay garantía de que tenga éxito, pero es casi seguro que fracasará si no acepta el cambio y comienza a trabajar en formas alternativas para obtener lo que desea.

Aquí hay algunos consejos que pueden ayudarlo a manejar el cambio:

¡Anticipe el cambio esté preparado para cualquier cosa!

Supervise el cambio, siga evaluando su situación, para que no se sorprenda repentinamente por un cambio

Adáptese rápidamente al tiempo de cambio, el tiempo que pasa deseando que las cosas no hubieran cambiado es tiempo que podría haber dedicado a trabajar para alcanzar un nuevo objetivo

¡Recuerde estos consejos para gestionar el cambio porque las cosas pueden volver a cambiar!

La gestión del cambio puede ser difícil, pero darse cuenta de la ardua tarea que tiene por delante puede ser la parte más difícil. Una vez que comience a experimentar su nueva realidad, deje de temer el cambio y sepa cómo manejarlo, se sentirá bien. ¡La gestión eficaz del cambio le ofrecerá una mejor oportunidad de disfrutar su vida!

Capítulo 7: Establezca y alcance sus objetivos

Todos nos ponemos metas. Es bastante fácil. La pregunta es cómo hacer que el establecimiento de metas funcione para usted. En este capítulo, encontrará diez consejos para establecer metas de tal manera que estas lo impulsen hacia sus sueños, logrando así sus metas y no solo estableciéndolas.

1. Tener un conjunto de objetivos a corto y largo plazo.

Piense cómo le gustaría vivir en 10-15-20 años. ¿Qué le gustaría hacer? Imagine cómo se verá su casa ideal. ¿Quién estará allí con usted? Luego, piense qué debe hacer para alcanzar sus sueños en 2 o 3 años, este año, esta semana e incluso hoy. Establezca sus metas a corto plazo.

2. Escriba todas sus metas, trazar todos sus objetivos a mano alzada es necesario.

No puede mantener sus metas solo en su mente. Sus pensamientos están cambiando todo el tiempo, ajustándose a las tareas, situaciones cotidianas y es muy fácil olvidarse de sus metas. Al escribirlos en blanco y negro, está dando el primer paso hacia el logro de sus objetivos.

3. No se limite, dele rienda suelta a su imaginación.

Tómese entre 20 y 30 minutos y escriba todas sus ideas: la casa de sus sueños, su familia, su trabajo o negocio ideal, sus pasatiempos. Escriba todo; No se detenga aunque sus sueños e ideas parezcan imposibles en este momento, anotelo que imagine que pueda lograr.

4. Sea positivo cuando escriba los enunciados de sus objetivos.

Escribir "comer sano" es mucho mejor que"evitar alimentos poco saludables", por ejemplo.

5. Haga que sus objetivos sean llamativos, atractivos.

Piense en los beneficios de alcanzar sus metas, cómo se sentirá cuando llegue allí. Imágenes de todas las nuevas posibilidades que estarán abiertas para usted, todas las cosas interesantes que podría llegar a hacer.

6. Sea lo más específico posible.

Si desea mudarse a la casa de sus sueños, asegúrese de saber qué tipo de casa quiere, dónde se ubicará y qué tan grande será. Tiene que visualizarlo claramente en sus sueños como si ya estuviera viviendo allí. Una visión clara le ayudará a alcanzar sus metas.

7. Escriba un motivo, la razón de cada objetivo.

Es vital saber elpor qué al establecer sus metas. Pregúntese por qué quiere hacer o tener las cosas que desea.

8. Ponga una línea de tiempo para cada objetivo.

Los objetivos sin líneas de tiempo son simplemente deseos. Establecer una línea de tiempo para cada objetivo lo motiva a actuar para avanzar.

9. Comience a dar pequeños pasos en pro de sus metas y actúe rápidamente.

Es mejor comenzar con pequeños cambios pero actuar de inmediato o al menos en los primeros días para obtener el mejor impulso posible.

10. Revisar sus metas a menudo crea un sentimiento de gratitud como si ya las hubiera alcanzado.

No le serviría de nada si escribieras todos sus objetivos y luego los ocultara en el rincón más alejado de su escritorio. Tiene que revisar sus metas regularmente y visualizarlas como si las hubiera alcanzado.

Al seguir estos sencillos consejos para establecer y lograr objetivos, puede crear una visión emocionante de su futuro y al hacer planes y tomar acciones, pronto estará en camino a una nueva vida: la vida de sus sueños

Capítulo 8: Construir relaciones de empleados

Construir relaciones es un elemento vital en la actividad de cualquier gerente. Tiene que ser un comportamiento incesante ya que convertirá en la esencia misma del estilo personal de cualquier gerente.

Cuando trabajemos en el cambio, será un desafío que nuestra gente deba aceptar, por lo que el incumplimiento restringirá las relaciones que tenemos con ellos. Les estamos encargando algo que tendrá un impacto, esto, debido a nosotros.

Donde no se haya hecho ningún esfuerzo real para crear relaciones importantes con las personas en un equipo, más difícil será asegurarse de que el cambio se realice con éxito

El Desafío

Construir relaciones no es difícil. Muchos

gerentes encuentran que crear el tiempo necesario para entablar conversaciones con todos y cada uno de los miembros de su equipo es difícil. Si es este el caso, es importante observar de cerca cómo se usa el tiempo y considerar diferentes formas de trabajar.

A veces los gerentes no están lo suficientemente enfocados como para asegurarse de que ellos cumplan su función. Es fácil asumir tareas que son menos exigentes a costa de hacer tiempo para su gente.

La construcción de relaciones es el núcleo, la base del conjunto de actividades que un gerente debe realizar. La función es administrar a las personas, no empujar un lápiz o trabajar con objetos. La gente es el punto en donde debe enfocarse todo gerente que tenga el título bien puesto.

¿Cómo hacerlo?

Un paso simple para hacer que las relaciones funcionen es procurar tener diálogos de uno a uno con un número fijo de personas cada día. Trate de asegurarse de que la forma en que interactúa con ellos sea valorándolos.

Una manera sencilla de hacer esto es permitirles que hablen la mayor parte del tiempo, impulsando sus ideas y pensamientos con preguntas abiertas que buscan información. Luego puede dejarlos hablar y escucharlos la mayor parte del tiempo, que sea esta su meta.

Hacer esto puede tener un efecto notable al mostrar que se preocupa por ellos como individuos y que tiene el tiempo para hacer que se sientan un miembro valioso del equipo.

Capítulo 9: Métodos para un liderazgo de equipo eficaz

Liderar un equipo puede parecer una tarea fácil, en teoría. Sin embargo En la práctica, podría ser una tarea realmente difícil. ¿Exactamente qué técnicas debe usar en caso de querer convertirse en un exitoso líder de equipo?

Desarrollar una convincente visión imaginativa y presciente.

Como líder necesita partidarios. Para que la gente le siga, debe estar en posición de retratar una imagen indudable de cómo será el futuro a largo plazo y por qué deben ser parte de la creación de este excelente futuro. Si no hace esto, nunca podrá llegar a los corazones y pensamientos de sus seguidores.

Reconózca a los demas

Cada persona, miembro del equipo, cuenta con puntos fuertes. Estos pueden ser la experiencia, comprensión o algunas cualidades particulares. De la misma manera quizás tenga áreas menos fuertes. Tener en cuenta esto no solo le permitirá entender; sino que le ayudará a invertir mejor su tiempo y esfuerzo, le permitirá descubrir la composición de su equipo de trabajo.

Familiarizarse con su equipo
Siempre me sorprende la cantidad de esfuerzo que hacemos para descubrir las debilidades y fortalezas de las nuevas contrataciones. Conocer a su equipo ayuda a asignar roles y responsabilidades de manera apropiada. También puede ayudar con la motivación mientras sea posible asignarles el trabajo que los estimule.

Establecer metas claras
Los objetivos vagos conducen a un factor muy importante: sub-óptimo o, en el peor de los casos, sin resultados. Haga sus objetivos tan específicos como sea posible. Procure establecer límites de tiempo orientados a la acción y cumplimiento. Si quiere, divídalos en metas más pequeñas.

Enfóquese en desarrollar confianza
Tener confianza o generar desconfianza puede hacer o deshacer un equipo. A

veces es fácil crear la suficiente confianza basta conatender reclamos o tratar a todos por igual.

Mantener cuentas claras
Probablemente las cosas más desalentadoras del equipo son cuando el líder constantemente deja sin pago, o pago incompleto a las personas. Obviamente, habrá ocasiones en que existan razones reales por las cuales los empleados no cumplen. Al mismo tiempo, es posible que haya personas que regularmente prometen demasiado y no cumplen, simplemente porque saben que no hay un seguimiento.

Hacer uso de las orejas y la boca dentro de la proporción adecuada
En otras palabras, asegúrese de que usted y cada uno de los miembros del equipo aprendan a prestar atención a la otra persona. Escuchar es un área en la que, en mi opinión, la gente tiene un problema. Se debe entender que se tienen dos orejas y una boca.

En conclusión: el éxito como líder no lo tiene asegurado, pero algunas cosas simples pueden producir una gran diferencia en sus logros como líder de un equipo.

Capítulo 10: Delegar y hacer el trabajo

Las personas ocupadas deben aprender a delegar si tienen la intención de hacer las cosas. A menudo, no hay suficientes horas en el día para permitir que una persona haga todas sus tareas. Las personas productivas llegan a saber que delegar es necesario para avanzar. Las personas productivas también saben lo qué se puede y se debe delegar y cómo lograrlo de manera efectiva.

La subcontratación se trata de delegar tareas profesionales calificadas que no podemos realizar, desde el diseño del sitio web hasta las relaciones públicas, incluye limpiar nuestra casa y preparar la comida para una reunión. El uso juicioso de la delegación puede ser bueno para la rentabilidad del negocio y saludable para el desarrollo organizacional. Los empleados pueden ampliar sus competencias y aprender a agregar más valor cuando las cargas de trabajo se comparten ocasionalmente.

Cuando el tiempo y la energía son escasos, o cuando no contamos con la experiencia requerida, tiene sentido desde el punto de vista de la administración del tiempo y del control de calidad delegar un proyecto determinado y eliminarlo de nuestra plataforma, para concentrarnos en los elementos que solo nosotros podemos hacer. . Si acumulamos todas las responsabilidades importantes, puede llevarnos a un comportamiento de control real o percibido, y eso es contraproducente. Cómo delegar con éxito es una habilidad importante, y comienza con el establecimiento de prioridades.

Delegue responsabilidades y no solo tareas. En lugar de limitarse a asignar trabajo a alguien, lo que limita el sentido de propiedad, promueve la aceptación del proyecto en cuestión y la lealtad a usted; delegue la responsabilidad de dirigir un elemento de la tarea. Permita que esa persona brille y muestre creatividad, capacidad analítica, talentos de sistemas y operaciones, destreza en la resolución de problemas y todo lo que sea necesario para administrar esa parte del proyecto con éxito. Mantenga un ojo en el panorama general y haga lo que sea necesario para darle a esa persona los recursos y la autoridad necesarios para hacer su parte.

Acepte que su manera no es la única. Esto podría generar sorpresas agradables y un mejor resultado del que imaginó. Todos tienen una forma única de ver y abordar una responsabilidad, le recomendamos que respete las diferentes perspectivas y enfoques, que confíe en la persona a la que ha delegado. A menudo, hay más de un camino hacia la solución correcta. Concéntrese en lograr los resultados deseados dentro del marco de tiempo deseado. Nunca revise con demasiada frecuencia ni minusciosidad el trabajo delegado, ya que esto constituye una fuerza de rozamiento permanente que desgasta racional y emocionalmente al subordinado (Micromanagement).

Dar instrucciones claras e información suficiente. Explique el panorama general del proyecto y cómo encaja el elemento delegado. Proporcione las especificaciones del proyecto para lo que se delegará y asegúrese que la persona entiende. Certifíquese de que la persona tenga la autoridad para hacer lo que sea necesario, junto con el presupuesto, cualquier personal u otros recursos. Sea claro acerca de las metas y la fecha de cumplimiento del proyecto. Recuerde estar disponible para ayudar, si es necesario.

Enséñese a reconocer cuándo delegar un proyecto o elementos del mismo estableciendo primero metas y objetivos para su negocio, respaldados por estrategias y planes de acción que aseguren su realización. Sea sincero acerca de sus fortalezas, debilidades y la línea de tiempo. Externalice / delegue las responsabilidades que no puede hacer y concéntrese en el resultado. Cree un equipo sólido que esté listo para ayudarlo a alcanzar sus metas.

Conclusión

¡Gracias de nuevo por descargar este libro! Espero que este libro haya podido ayudarlo a comprender las cosas que debe hacer y los pasos que debe seguir para mejorar su liderazgo.

El siguiente paso es ponerlos en práctica.

¡Gracias y buena suerte!

Parte 2

Introducción

Deseo agradecerle y felicitarle por haber descargado este libro.

Este libro contiene pasos probados y estrategias comprobadas acerca de cómo convertirse en un líder efectivo. Contiene información acerca de cómo mostrar sus habilidades de liderazgo cuando se comunica con otras personas, e influye incluso sobre aquellos que están en la industria de los negocios.

Los líderes se hacen, no nacen. Mientras algunas habilidades de liderazgo son innatas en algunas personas, no significa que no pueda adquirirlas o desarrollarlas. Si está preocupado por si puede o no convertirse en un líder efectivo, tenga la seguridad de que este libro puede ayudarlo.

El primer capítulo de este libro habla acerca de la información básica que necesita saber sobre el liderazgo: qué es, cuáles son sus tipos y qué espera la sociedad de un líder. También diferencia el liderazgo de otros términos similares, como el coaching. El segundo capítulo describe las habilidades de liderazgo más esenciales que necesita perfeccionar para convertirse en un líder efectivo en la dirección de su equipo. El Capítulo 3 habla sobre las diferentes habilidades de comunicación que debe poseer para mejorar su estilo de liderazgo. El Capítulo 4 aborda cómo puedes ser efectivo para influir en las personas y penetrar sus creencias y mentalidades. El quinto capítulo lo introduce al arte del coaching empresarial, y cómo las habilidades efectivas de liderazgo pueden promover el éxito en el campo de los negocios. El Capítulo 6 proporciona pasos simples y fáciles de seguir para pensar y actuar como un líder eficaz y poderoso. Gracias nuevamente por descargar este libro, ¡espero que lo disfrute!

Capítulo 1 – Qué es el Liderazgo?

Las habilidades de liderazgo efectivo se encuentran entre los elementos más cruciales para el éxito. Algunas de las personas más exitosas del mundo poseen habilidades de liderazgo efectivas, que es la principal razón por la cual son capaces de alcanzar sus metas. Contrariamente a lo que algunas personas piensan, los buenos líderes no nacen. Es actualmente posible perfeccionar y desarrollar las habilidades de liderazgo a través del tiempo y la experiencia.

Este capítulo le enseñará lo qué es el liderazgo, cuáles son sus tipos y qué espera la sociedad de un líder. También le ayudará a distinguir el término "liderazgo" de otros términos algo parecidos, como gestión y coaching. Diferentes personas ven el liderazgo de manera diferente, pero hay una definición de liderazgo que es común para ellos: la capacidad de una persona para dirigir a otras personas, un grupo o una organización. Los buenos líderes guían a otros en la realización de planes de acción específicos. Los líderes eficaces también pueden motivar a los miembros de un grupo para que realicen tareas específicas.El propósito principal de liderar un grupo es ayudar a todos a alcanzar la meta final del grupo. Para ayudarlo a comprender mejor el liderazgo, sería mejor familiarizarse con sus diferentes tipos. Algunos de los estilos de liderazgo más comúnmente utilizados en la actualidad son los siguientes:

Liderazgo Laissez-Faire

Este no es el estilo de liderazgo más favorable porque no requiere que el líder supervise directamente a los miembros de su grupo. También llamado liderazgo delegativo, liderazgo laissez-faire significa que el líder les da a sus miembros la libertad de tomar sus propias decisiones. Este estilo de liderazgo se caracteriza por la poca orientación y supervisión del líder, el fácil acceso a los recursos y las herramientas requeridas por los miembros para tomar sus propias decisiones, los miembros del grupo que se espera que encuentren soluciones a los problemas por su cuenta y la entrega del poder para seguidores.

Aun así, los líderes que usan este estilo de liderazgo asumen la responsabilidad en cualquier decisión o acción que el grupo decida tomar. Tiene la tasa de productividad más baja entre los diferentes estilos de liderazgo porque el líder no supervisa directamente a sus miembros.

Liderazgo Autocrático

Este estilo de liderazgo es beneficioso en el sentido de que el líder puede tomar decisiones de manera independiente. Tiene un control completo sobre los asuntos de toma de decisiones y puede imponer efectivamente comandos a las personas. Sin embargo, la desventaja de este estilo de liderazgo es la falta de libertad por parte de los miembros del grupo. Necesitan seguir lo que diga su líder. Incluso hay casos en que los miembros no pueden hacer preguntas o presentar sus quejas.

Liderazgo Participativo

Esta es una de las formas más ideales de liderazgo. Desde la palabra misma, el líder permite que sus miembros se involucren en actividades, proyectos y programas planificados. Él se asegura de que todos contribuyan a su éxito inminente. Alienta a sus miembros a participar en varias actividades de toma de decisiones. Tenga en cuenta, sin embargo, que la decisión final todavía recae en el líder. Lo mejor del liderazgo participativo es que el líder está dispuesto a considerar las opiniones de sus seguidores y determinar cuál de las soluciones presentadas por sus miembros puede funcionar en beneficio de todo el equipo. Esto puede hacer que los miembros se sientan más comprometidos, por lo que motivarlos para que trabajen juntos es más fácil.

Liderazgo Transaccional

Este estilo de liderazgo resalta el aspecto económico del liderazgo. Busca recompensar las buenas actuaciones, y sancionar las malas actuaciones. Las metas se establecen y el líder supervisa las actuaciones de sus seguidores a medida que realizan las tareas individuales que se les asignan. Al final, el líder evaluará sus actuaciones y determinará las recompensas y sanciones más adecuadas para ellos.

Liderazgo Transformacional

Este estilo de liderazgo puede esperarse que funcione bien si se establece una comunicación efectiva. El objetivo principal del líder es motivar, inspirar y persuadir a sus miembros para que realicen una acción en particular sin la necesidad de forzarlos o persuadirlos. Este estilo de liderazgo es beneficioso porque ayuda a los miembros a desarrollar mejores versiones de sí mismos.

Estilo de Liderazgo de coaching

Esta forma de liderazgo se caracteriza por líderes que definen claramente las tareas y los roles que cada uno de sus seguidores debe realizar y desempeñar. También buscan sugerencias y aportaciones de sus seguidores. Si bien la decisión final está en manos del líder, el estilo de liderazgo de coaching todavía utiliza una forma de comunicación de dos vías. Se puede esperar que los líderes de coaching trabajen más efectivamente en entornos que requieren mejoras en términos de resultados y rendimiento. Los buenos líderes de coaching son efectivos ayudando a otros a avanzar y a mejorar sus habilidades. Ayudan a sus miembros a desarrollar sus fortalezas clave y ofrecen orientación cuando sea necesario. También alientan, motivan e inspiran a sus miembros y son capaces de desarrollar un entorno laboral más positivo. El estilo de liderazgo de coaching funciona de manera más efectiva en los miembros que son más agradables, experimentados y responsables.

Liderazgo Carismático

Los líderes, que usan este estilo de liderazgo, son naturalmente persuasivos y pueden usar su encanto y personalidad magnética para asegurar que su grupo logre el éxito. Tienen convicción y están plenamente comprometidos con su causa. Los líderes carismáticos en realidad comparten varias similitudes con los líderes transformacionales, pero también son diferentes en términos de audiencia y enfoque. Mientras que el primero se enfoca en mejorar el status quo, el segundo se enfoca en cambiar el grupo basado en la visión del líder.

Liderazgo vs. Coaching

El término "liderazgo" a menudo se

equipara con el término "coaching". Si bien hay similitudes, estos términos son realmente diferentes. Esta sección le dirá por qué y cómo. Una cosa que hace que el liderazgo sea diferente del coaching es que el primero es más un estilo de vida; Es más como una parte de su vida. Es algo que simplemente no hace en el trabajo. Puede liderar, incluso si no es un líder en el lugar de trabajo. Por ejemplo, puede llevar a los miembros de su familia a hacer cosas específicas mejor en casa.

El coaching, por otro lado, es un proceso. Los líderes pueden usar el proceso de coaching para perseguir cosas. Si usted es un líder, entonces su objetivo es asegurarse de que sus miembros sigan su comando y que realicen las tareas que les asignó. El coaching, por otro lado, es más específico en el sentido de que necesita abordar un problema o problema específico, que necesita de su asistencia.

En comparación con el liderazgo, el

coaching suele ser a corto plazo. Tiene objetivos que deben alcanzarse dentro de un período de tiempo específico. Las habilidades que se necesitan en coaching también suelen ser de naturaleza técnica. Aquí hay algunas otras cosas que hacen que un líder y un coach sean diferentes entre sí:

- Un líder necesita pasar mucho tiempo hablando y dando instrucciones. Un entrenador, por otro lado, necesita pasar la mayor parte de su tiempo haciendo preguntas y escuchando.
- Un líder debe hacer suposiciones rápidas basadas en los datos que se le presentan. Un coach, por otro lado, necesita pasar tiempo observando primero antes de hacer una suposición.

Un líder tiende a encontrar la ruta más rápida cuando encuentra soluciones a un problema. Un coach, por otro lado, necesita descubrir problemas subyacentes para encontrar la raíz de un problema.

Capítulo 2 – Habilidades Esenciales de Liderazgo

El primer paso para convertirse en un buen líder es perfeccionar algunas de las habilidades de liderazgo más esenciales, y esas son los temas de los que principalmente hablará este capítulo. Su tarea es evaluar si ya posee estas habilidades. Si lo hace, busque áreas donde pueda mejorar. Si no lo hace, entonces es hora de perfeccionar estas habilidades si realmente desea convertirse en un buen líder.

Anticipación

La anticipación es la capacidad de detectar posibles amenazas y oportunidades. Esta es una habilidad de liderazgo esencial porque le permite predecir y planificar sus cursos de acción en caso de que las cosas no vayan como lo planeó inicialmente. Como líder, debe ser capaz de anticipar problemas internos y externos, así como oportunidades. Puede desarrollar esta habilidad con la ayuda de los siguientes consejos:

Realice una investigación: esto es especialmente cierto si está manejando varios compromisos comerciales. Si realmente desea que su equipo logre el éxito, entonces necesita realizar una investigación sobre los distintos escenarios que puede encontrar a lo largo del proceso. Esto ayudará a que usted y su equipo identifiquen posibles problemas y encuentren posibles soluciones lo antes posible.

Imagine el proceso para alcanzar sus metas: una vez que haya establecido sus metas, imagine cómo usted y su equipo las lograrán. ¿Cuáles son las cosas que probablemente sucederán? ¿Cuáles son los problemas que pueden surgir? Haga una lista de todos ellos, para que pueda anticipar posibles obstáculos.

Excelentes habilidades para la toma de decisiones

Su capacidad de sopesar las cosas con cuidado, para que pueda tomar la mejor decisión, se pondrá en práctica una vez que se convierta en un líder. Debe sopesar todo cuidadosamente, ya que un error en el proceso de toma de decisiones puede tener un impacto drástico en su objetivo. Seguir un enfoque de toma de decisiones más disciplinado. Los siguientes consejos también pueden ayudarlo a perfeccionar sus habilidades de toma de decisiones:

Esté abierto a todas las opciones: considere varias opciones antes de tomar la decisión final. Pregunte las opiniones de sus miembros. Evita decidir solo. Una vez que haya reunido una lista de opciones o soluciones, sopese los pros y los contras de cada una. Averigüe cuál de las opciones reunidas puede beneficiar más a su equipo.

Consulte a sus seguidores: sí, usted es el líder y tiene la última palabra en todas las decisiones, pero solo puede ser un buen tomador de decisiones si abre la conversación a sus miembros.Pregúnteles qué piensan acerca del problema y cómo piensan que se puede abordar el problema. Evalúa sus ideas y toma una decisión.

Aprenda de sus errores

Otra cosa que hace que los grandes líderes sean increíbles, es su capacidad para aprender de sus errores. Sí, es el líder de su grupo, pero también es humano y es capaz de cometer un error. Reconozca sus errores y úselos para ser mejor. Evite culpar a sus miembros por los errores que ha cometido. Aquí también hay algunos consejos para que use los errores que usted y los miembros de su equipo han cometido en el pasado para su ventaja:

Revise las acciones y decisiones pasadas: revise sus actuaciones pasadas y evalúe dónde exactamente usted y su organización salieron mal. Esto le permitirá saber qué debe evitar en el futuro.

Recompense a los miembros que se desempeñan bien: una de las mejores maneras de mantener a su equipo motivado es darles recompensas por sus logros encomiables. Esto les animará a hacerlo mejor en sus trabajos. Aprecie su buen desempeño, en lugar de solo enfocarse en sus errores. Además de motivarlos, este consejo también puede fomentar una relación armoniosa dentro de su grupo.

Regule las reprimendas: evite gritar a sus miembros o decirles palabras hirientes en caso de que cometan errores. Trate de señalar sus errores sin hacerlos sentir mal. Use un tono alentador cuando presente sus errores, para que pueda inspirarlos a mejorar la próxima vez y evitar cometer el mismo error.

Esté siempre listo para un desafío

Desafiar las formas convencionales también es necesario para un liderazgo bueno y efectivo. Si se mantiene en las viejas formas, es posible que no logre algo grandioso y extraordinario. Solo cuando desafíe estas cosas y tome riesgos tendrá un éxito significativo. ¿Cómo exactamente deben los líderes desafiar las convenciones?

Fomente el debate entre sus miembros: incluso si ya ha tomado una decisión, involucre a sus miembros y discuta sus puntos de vista individuales. Esto le permitirá realizar reformas y tomar su decisión a un nivel más alto y más desafiante.

Considere ideas disidentes: la gente no está de acuerdo por una razón. A veces, estas razones juegan un papel crucial en la toma de decisiones. Tienen el potencial para producir grandes resultados.

No tenga miedo de ir más allá de las creencias de larga data: una cosa es defender sus principios, pero otra cosa es llevar las cosas a nuevas alturas. No tenga miedo del futuro. Los sueños mayores traen mayores resultados.

Sea valiente

No puede esperar mostrar todas las habilidades mencionadas anteriormente si no es valiente. Como líder, debe mostrar su coraje a todo el equipo. Hágales saber que es lo suficientemente valiente para hacer lo que sea necesario para lograr el objetivo final de su equipo.

Aparte de las habilidades y características mencionadas anteriormente, también debe desarrollar los siguientes rasgos para convertirse en un líder eficaz.

1. *Capacidad para empoderar a sus miembros: se espera que un líder sepa cómo empoderar a sus seguidores. Tiene que desarrollar su capacidad para alentar y motivar a las personas a actuar.*
2. *Habilidades de escucha: un líder no solo debe dictar órdenes; él también*

necesita aprender a escuchar. Debe escuchar el lado de los miembros de su grupo y asegurarse de que les diga cuánto valora sus opiniones.

3. Da un buen ejemplo: también se espera que un líder dé un buen ejemplo a sus seguidores. En lugar de simplemente decirles a sus seguidores qué hacer, también debe hacerles ver que está tomando medidas. Aquí es donde se puede aplicar efectivamente el dicho, "liderar con el ejemplo".

4. Asume la responsabilidad: los buenos líderes también dominan la habilidad de asumir responsabilidades. Incluso si usted no fue quien cometió los errores, debe estar dispuesto a asumir la responsabilidad por las acciones de sus miembros. En lugar de culparlos, intente motivarlos para que lo hagan mejor la próxima vez en caso de errores.

5. Excelentes habilidades de comunicación: también necesita perfeccionar sus habilidades de comunicación si desea convertirse en un

líder eficaz. Si bien puede tener una visión clara de lo que quiere lograr, el desafío está en cómo explicárselo a su grupo sin ser visto por miradas en blanco. Tiene que aprender a describir claramente lo que quiere que su grupo haga. Sepa exactamente cómo puede comunicar claramente su visión al grupo, para que puedan trabajar juntos y lograr el mismo objetivo.

6. *Confianza: hay momentos en que las cosas no parecen ir de acuerdo con lo que inicialmente planeó. Como líder, tiene que ser capaz de mostrar su confianza en momentos como este. Esta es una gran ayuda para mantener la moral del equipo. Tenga confianza en su capacidad y la capacidad de su grupo para tener éxito. Asegúreles que los contratiempos son parte del viaje para alcanzar su meta.*

7. *Actitud positiva: un buen líder es capaz de mantener una actitud positiva todo el tiempo. Motive a su equipo y mantenga su energía asegurándose de que siempre muestra una actitud*

positiva. Debe haber un gran equilibrio entre la diversión y la productividad dentro de su grupo.

8. Capacidad para inspirar: también debe afinar su capacidad para inspirar a su grupo, si desea asegurarse de que eventualmente alcanzará sus metas futuras. Además, reconozca que sus seguidores también necesitan un descanso de vez en cuando. Muéstrales cuanto aprecia sus esfuerzos, además de reconocer sus logros, sin importar cuán pequeños sean. Esto puede mantenerlos motivados, lo que les inspira a trabajar aún más.

Trabaje en el desarrollo de las habilidades mencionadas en este capítulo y eventualmente se convertirá en el mejor líder que desea ser.

Capítulo 3 - ¿Cómo mejorar sus habilidades de comunicación?

Uno de los rasgos más importantes que debe poseer un líder es una excelente comunicación. Este capítulo le enseñará algunos consejos sobre cómo desarrollar sus habilidades de comunicación, para que se convierta en un líder aún más efectivo.

Mejoresus habilidades de escucha

Escuchar es importante para un liderazgo efectivo. Tenga en cuenta que la comunicación es un proceso de dos vías. Para ser un buen líder, también necesita ser un buen oyente. Esto es importante para garantizar que se escuchen todas las opiniones de sus miembros. Como resultado, sus miembros sentirán que usted valora su papel en el proceso de alcanzar sus metas. Afinar sus habilidades de escucha es más fácil con la ayuda de los siguientes consejos:

- *Preste atención a lo que se dice, en lugar de centrarse solo en lo que quiere escuchar*: a algunas personas les resulta difícil escuchar con atención lo que otros dicen, porque en lugar de prestar la debida atención, se preocupan por lo que quieren escuchar y lo que quieren decir a continuación. Esta actitud solo evitará que entienda a la persona con la que está conversando. Es importante centrarse en lo que dice la otra parte.

- *Permita que la persona termine de hablar antes de tomar su turno*: siendo el líder que es, es inevitable que tenga mucho que decir y comentar. Sin embargo, no se olvide de respetar a los demás, especialmente a los miembros de su grupo, cuando están hablando. Permítales que terminen de hablar antes de volver a hablar. Esto promoverá conversaciones saludables dentro de su equipo.

- No dude en solicitar una aclaratoria: si hay algo que el orador dijo que usted no entiende, no dude en pedir aclaratorias. Esto es crucial para prevenir malentendidos y falta de comunicación entre las dos partes.

Promueva conversaciones saludables

También se espera que los líderes sepan cómo facilitar las conversaciones. Durante reuniones o encuentros, diferentes partes se reúnen para expresar sus sentimientos y expresar sus intereses. Pueden ocurrir ideas contrastantes y conversaciones desorganizadas porque todos quieren expresar su opinión. Estas son las ocasiones cuando los líderes deben imponerse. Como líder, debe mantener el orden y la armonía, especialmente cuando la conversación ya está encaminada hacia un argumento acalorado. Además, asegúrese de que cada miembro pueda transmitir su mensaje mientras mantiene la paz y el respeto. Puede facilitar una conversación saludable con la ayuda de las siguientes recomendaciones:

- *Escuche lo que se dice*: escuche con atención lo que dice cada miembro. Conozca los puntos de cada orador y asegúrese de interpretarlos correctamente.

- *Integre estos puntos en el tema*: ¿Cómo se relacionan los puntos entre sí? ¿Cómo un punto refuerza a otro? ¿Cuáles son las similitudes y diferencias? ¿Cómo ayudan a abordar el tema? Mantenga estas preguntas en mente mientras facilita los puntos mencionados por cada parte o miembro.

- *Llegue a un consenso y avance*: ahora que se han integrado diferentes puntos e ideas, es hora de que todos lleguen a un consenso. Esto servirá como su punto de partida al elaborar una decisión. Después, pase a los siguientes temas.

Haga preguntas

También puede desarrollar sus habilidades de comunicación aprendiendo cómo hacer las preguntas correctas y cuándo debe plantearlas. Si bien se espera que los líderes sepan muchas cosas, no son perfectos y también hay cosas que necesitan aprender. Como líder, sea lo suficientemente abierto como para hacer preguntas a sus oyentes, para que ambos puedan fomentar una conversación armoniosa.

Inyecte humor en las conversaciones

La comunicación con sus miembros se vuelve más efectiva cuando tiene un buen sentido del humor. Esto le ayudará a atraer su atención y los obligará a centrarse en lo que está diciendo. Sus miembros se interesarán más y podrán comprender completamente su mensaje. La sonrisa, de vez en cuando, también puede agregar humor durante las reuniones y juntas. Deje que sus seguidores sepan que usted es alguien a quien pueden acercarse fácilmente para obtener aclaratorias a través de la sonrisa. Esto aligerará las conversaciones y evitará discusiones acaloradas.

Inyectar humor y sonreír también puede eliminar el temor de sus miembros cuando se trata de acercarse a usted. De esta manera, siempre pueden hacer sus preguntas, lo que le permite comunicar el mensaje que desea transmitir de manera clara.

Hágase personal

En lugar de emitir comunicaciones corporativas, intente desarrollar conversaciones organizacionales. Esto significa que también debe dejar que sus miembros hablen, en lugar de simplemente ser usted quien hable. Haga que sus conversaciones sean más atractivas y personales, ya que al hacerlo se asegurará de que se transmita su mensaje. Concéntrese en desarrollar relaciones más significativas con los miembros de su grupo. Si lo hace, le permitirá saber exactamente lo que piensan y solucionar cualquier problema que haya ignorado en el pasado.

Sea bien específico.

Comunique su mensaje con claridad y especificidad. Si es posible, transmita su mensaje de una manera más concisa y sencilla. Como líder, sepa cómo alcanzar los puntos altos de inmediato. Vaya directo al punto para evitar confundir a sus miembros. Haga que cada palabra que salga de su boca importe.

Sea de mente abierta

Si mantiene la mente cerrada, entonces se limita a aprovechar la oportunidad de aprender algo nuevo de sus miembros. Si bien su papel es liderar y dirigir a sus seguidores, no significa que no deba dejar que hablen. Esté dispuesto a buscar la opinión de aquellos que tienen opiniones disidentes. Su objetivo no es convencer a estos miembros para que cambien de opinión e ir a su lado, sino para comprender de dónde vienen.

Conversaciones abiertas con aquellos que tienden a desafiarlo, confrontarlo, desarrollarlo y estirarlo. Tenga en cuenta que sus diferentes opiniones no importan aquí; lo que importa es su disposición a hablar sobre sus opiniones con una mente abierta. Quién sabe, si esta es la clave para que aprenda cosas nuevas que le harán aún más efectivo en su papel de líder.

Empatice

También puede desarrollar grandes habilidades de comunicación si no permite que su ego le gobierne, y empatiza con los miembros de su grupo. Comunique la sinceridad con cuidado y empatía, y no permita que su ego evite que sucedan

cosas buenas. Si es un comunicador
empático y un líder, entonces podrá
mostrar fácilmente transparencia y
autenticidad cuando se comunica con
otros. Esta es una gran ayuda para que
escuchen su mensaje exacto.

Capítulo 4 - ¿Cómo influir en las personas?

Una de las manifestaciones de un buen liderazgo es la capacidad del líder para influir a otras personas. Este capítulo discutirá algunas de las estrategias más efectivas sobre cómo convertirse en un líder más influyente.

Tenga un interés genuino en otras personas

Su nivel de influencia se basa en gran medida en su capacidad de conectarse con quienes lo rodean. ¿Toma tiempo para estar realmente interesado en lo que dicen los demás? Muestre a sus miembros que está realmente interesado en ellos. Esto demuestra que usted se preocupa sincera y genuinamente por sus sentimientos y pensamientos, así como que valora su contribución al grupo. Una vez que los hace sentir de esta manera, puede influenciarlos fácilmente para que sigan su ejemplo.

Construya una relación armoniosa

Haga que sus miembros se sientan cómodos cuando esté cerca. En lugar de establecer el odio y el miedo, debe hacer que sus seguidores sientan que es el tipo de líder al que se pueden acercar fácilmente. Socialice con ellos de vez en cuando. Cuando sea tiempo de descanso, trate de hablar con ellos o compartir historias. Esta es una gran ayuda para inculcar la confianza dentro de su grupo y hacer que sus miembros se sientan cómodos. Cuando se sientan cómodos con su presencia, influir en ellos ya no será tan difícil.

Construya una buena reputación

No puede esperar que la gente siga su ejemplo si tiene una mala reputación. Puede ser un líder influyente si sus seguidores ven su credibilidad y honestidad. Sea honesto al tratar con su equipo. Evite mentirles o esconder algunos hechos importantes. Una vez que descubran que los estás engañando, recuperar su confianza será extremadamente difícil. Nunca se convertirá en un líder influyente si no le creen.

Proporcioneretroalimentación positiva

En lugar de centrarse en los errores que cometen sus miembros, trabaje en encontrar los puntos positivos en su desempeño, sin importar cuán pequeños sean. Invierta en medios para alentar, motivar y reforzar a sus miembros, en lugar de imponer condiciones y amenazas. Al proporcionar comentarios positivos de manera constante, sus miembros pueden ver su lado positivo y sus intenciones positivas, lo que hace que sea más fácil para ellos confiar en usted.

Admita sus errores

A muchos líderes les resulta difícil admitir sus propias faltas. En la mayoría de los casos, tienden a culpar a los demás, creyendo que su posición los hace incapaces de cometer errores. Evite ser uno de estos tipos de líderes. Sea un tipo de líder que sabe cuándo está equivocado y lo admite rápidamente. Si admite fácilmente sus errores, comunica a sus miembros que realmente se preocupa por ellos. También les está mostrando que está plenamente consciente de cómo su comportamiento y sus errores pueden afectar a todos en el grupo.

Sea visible

Los líderes excepcionales y efectivos son aquellos a quienes miembros y seguidores pueden ver fácilmente, no solo escuchar. Varios líderes hoy en día no son visibles para sus miembros debido a sus horarios extremadamente agitados.

Algunos de ellos dejan su oficina sin verificar cómo están sus miembros. Algunos líderes incluso se esconden en su oficina para evitar tratar con otros.

Es hora de cambiar este hábito. Como líder, debe reconocer que es el esfuerzo de su grupo lo que hace que su organización sea exitosa. Estar con ellos y dejar que le vean de vez en cuando. A veces, un saludo amistoso a su equipo es suficiente para elevar su moral.

Actúe sobre las cosas rápidamente

Puede ser un líder influyente si muestra a sus miembros cómo actúa sobre las cosas rápidamente. No sea demasiado lento para actuar. Tenga en cuenta que si se toma mucho tiempo para tomar una decisión difícil, retrasar la acción o postergarse, entonces está enviando un mensaje negativo a sus miembros.

Para ser un líder influyente, debe pasar a la acción de inmediato porque sus miembros están esperando su decisión. Esto puede ser muy motivador para sus miembros. Esto también puede aumentar su credibilidad y confianza en su capacidad.

Hay muchas maneras en que un líder puede influir en las personas. Las mencionadas anteriormente, son algunas de las más efectivas. Después de seguir estos sencillos pasos, notará que cada vez más personas creen en usted y estarán más dispuestos a seguirle.

Capítulo 5 - El arte del coaching empresarial

El éxito en los negocios generalmente se alcanza a través del entrenamiento y liderazgo de negocios efectivos. El coaching empresarial es bastante similar al coaching deportivo. En los deportes, el entrenador motiva y entrena a los miembros de su equipo para ganar competencias. En los negocios, el entrenador también motiva, capacita y entrena a sus miembros para lograr el éxito. Si quieres convertirte en un entrenador y líder de negocios efectivo, aquí hay algunos consejos que pueden ayudarte:

Participe en cursos de coaching empresarial.

Contrario a lo que la mayoría de la gente cree, el mundo de los negocios es técnico, lo cual requiere que uno se inscriba en un curso de negocios, la mayoría de las veces, para comprender completamente los detalles del campo. Si desea convertirse en un asesor de negocios efectivo, busque una escuela de negocios e inscríbase. Esto le ayudará a perfeccionar sus habilidades de coaching empresarial.

Tenga suficiente experiencia en negocios

Una de las razones por las cuales hay pocos instructores de negocios jóvenes es porque el campo del coaching de negocios requiere una amplia experiencia. Debe tener al menos experiencia en el entrenamiento de miembros de pequeñas empresas, de modo que conozca los problemas y contingencias que usted y la persona a la que está entrenando enfrentarán. Su amplia experiencia le permitirá ofrecer consejos efectivos a sus clientes.

Sea de apoyo

Una habilidad necesaria que necesita un asesor de negocios eficaz es la capacidad de ofrecer apoyo. Ya que su tarea es animar a sus clientes a hacer que sus negocios sean exitosos, debe proporcionarles todo el apoyo que necesiten. Recuérdeles sus aspiraciones y adviértales constantemente sobre lo que deben hacer para lograrlas.

Sea paciente

No todos los negocios que manejará serán exitosos inmediatamente. A veces, puede llevar mucho tiempo para que el negocio de su cliente tenga éxito. Por lo tanto, se requiere mucha paciencia y comprensión de partesuya ya que usted es el líder interino en esta situación.

Sea profesional

Dado que el campo de los negocios es de naturaleza profesional, también debe mantener una actitud y disposición profesional. No tome las cosas personalmente y mantenga una relación armoniosa no solo con sus clientes, sino también con otros profesionales de negocios.

Seguramente será un asesor de negocios eficaz una vez que siga los pasos mencionados en este capítulo. Solo asegúrese de mantener una relación sana y armoniosacon su cliente. Entonces el éxito llegará.

Capítulo 6 - Pensando y actuando como un líder

Antes de convertirse en un verdadero líder, primero debe pensar y actuar como uno. Este capítulo le enseñará cómo pensar y actuar como un líder, hasta que finalmente se convierta en uno. Estos son pasos simples que pueden requerir algo de tiempo y esfuerzo, pero que realmente al final valdrán la pena.

Sea orientado a las personas

El liderazgo requiere que usted establezca buenas relaciones con las personas. Ya que usted servirá como su guía, es importante conocerlos lo suficientemente bien y empatizar con ellos. Ser orientado hacia las personas puede ser un desafío porque requiere que conozca a mucha gente y se relacione con ellos. Realmente necesita gastar tiempo y hacer un esfuerzo para conocer a sus miembros, pero si quiere convertirse en un gran líder, debe estar dispuesto a hacerlo.

Sea sensible a las necesidades de sus miembros

Ser sensible a las necesidades de sus miembros significa que necesita saber lo que ellos necesitan, incluso antes de que le informen. Conozca bien a sus miembros y evalúe sus fortalezas y debilidades, para que pueda saber cuándo, dónde y cómo orientarlos. También debe ser sensible cuando note que algunos de sus miembros no tienen un buen desempeño o cuando tienen dificultades para completar sus tareas. Este es su trabajo para asegurarse de que están motivados.

Tenga iniciativa

La iniciativa es una de las habilidades más difíciles de aprender. Su iniciativa le permitirá guiar a sus miembros a tomar medidas y ofrecer ayuda para tomar decisiones, especialmente cuando nadie más está avanzando. Requiere que siempre estés listo para actuar, incluso antes de que la situación lo requiera. Al tener iniciativa, puede evitar fallas y sus miembros lo admirarán mejor. Como resultado, querrán llegar a ser como usted, y todos tendrán éxito en sus actuaciones y esfuerzos.

Tome riesgos

Un líder eficaz no tiene miedo de tomar riesgos. Sí, hay muchas cosas que debe tener en cuenta cuando toma riesgos. A veces, los beneficios pueden no ser suficientes, pero solo puede lograr grandes cosas una vez que comienza a tomar riesgos y extenderse más allá de lo que cree que puede hacer. No tenga miedo de participar en cosas nuevas y emprender nuevas actividades. Puede que le sorprendan los grandes logros que le esperan a usted y a su equipo.

Sea orientado a objetivos

Por último, asegúrese de que siempre establece un objetivo. El éxito y la eficacia de un líder solo pueden medirse por su capacidad para llevar a cabo los objetivos que establece. Estar orientado a objetivos significa que no hace las cosas simplemente por hacerlas, sino porque busca un final mayor. Sus acciones y decisiones siempre deben dirigirse hacia este objetivo.

Seguir los consejos anteriores le ayudará a pensar y actuar como un líder. Manténgalos en mente y observe su progreso a medida que desarrolla y mejora sus habilidades de liderazgo.

Conclusión

¡Gracias de nuevo por descargar este libro!

Espero que este libro haya podido ayudarlo a desarrollar y mejorar sus habilidades de liderazgo.El siguiente paso es mantener estas habilidades y usarlas para perseguir y cumplir sus objetivos.

¡Gracias y buena suerte!